羽生結弦
SEASON PHOTOBOOK
2017-2018

by Nobuaki Tanaka

2017‐2018
フィギュア新世紀へ

氷上のファンタジー	④
始まりは再びトロントから	⑫
頂点への序章	㉑
２連覇の瞬間	㉙
杜の都のアプローズ	㊷
そして未来へ	㊻
2017-2018 羽生結弦 全成績	⑩⑨

フィギュア新世紀へ

SEASON
PHOTOBOOK
2017-2018

氷上のファンタジー
Fantasy on Ice

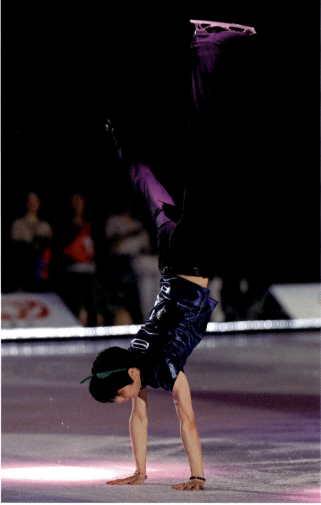

フィギュア新世紀へ

SEASON PHOTOBOOK 2017-2018

始まりは再びトロントから
Toronto Cricket Skating and Curling Club

フィギュア新世紀へ

SEASON
PHOTOBOOK
2017-2018

頂点への序章
The Dawn of a New Era

フィギュア新世紀へ

SEASON
PHOTOBOOK
2017-2018

2連覇の瞬間
XXIII Olympic Winter Games

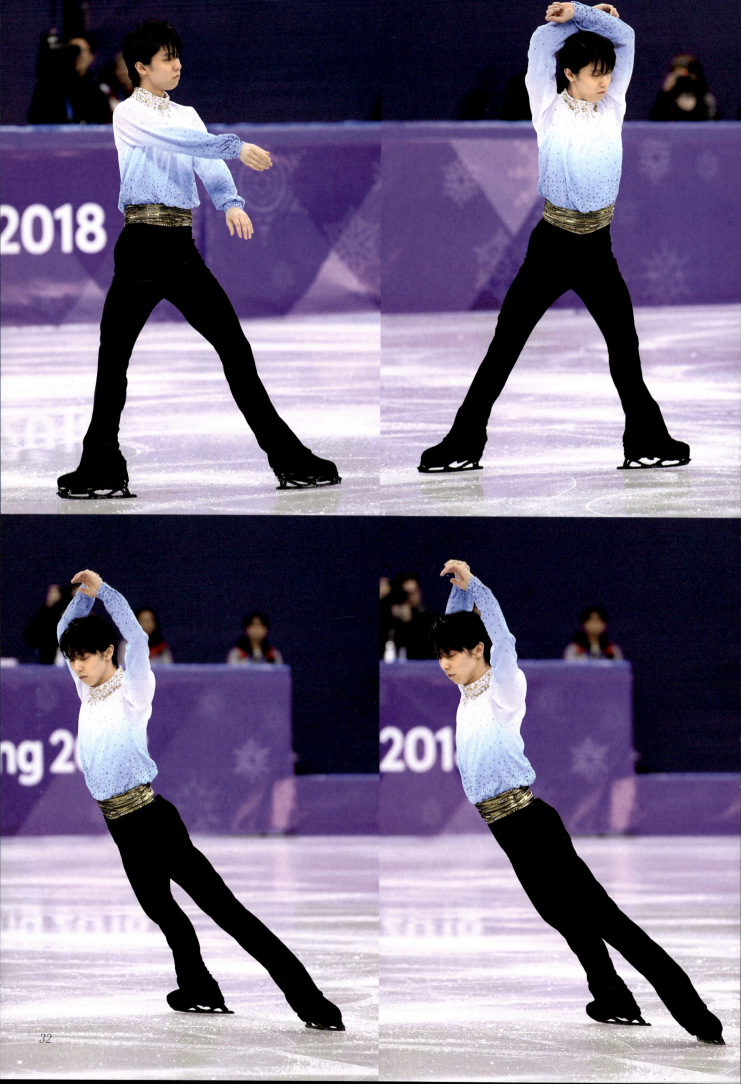

フィギュア新世紀へ

SEASON
PHOTOBOOK
2017-2018

杜の都のアプローズ
Yuzuru Hanyu Gold Medal Parade

フィギュア新世紀へ

SEASON
PHOTOBOOK
2017-2018

そして未来へ
Continues 〜 with Wings 〜

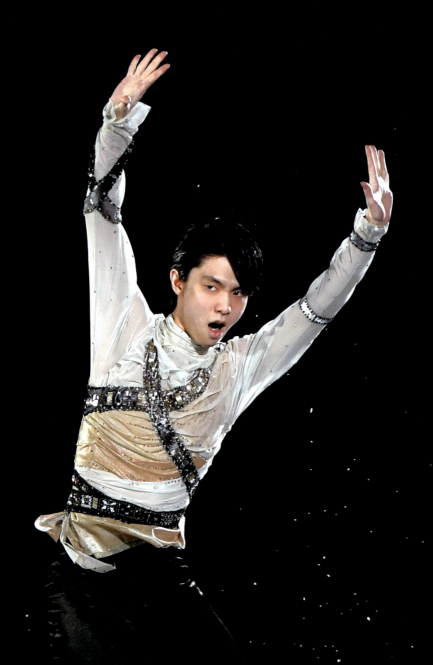

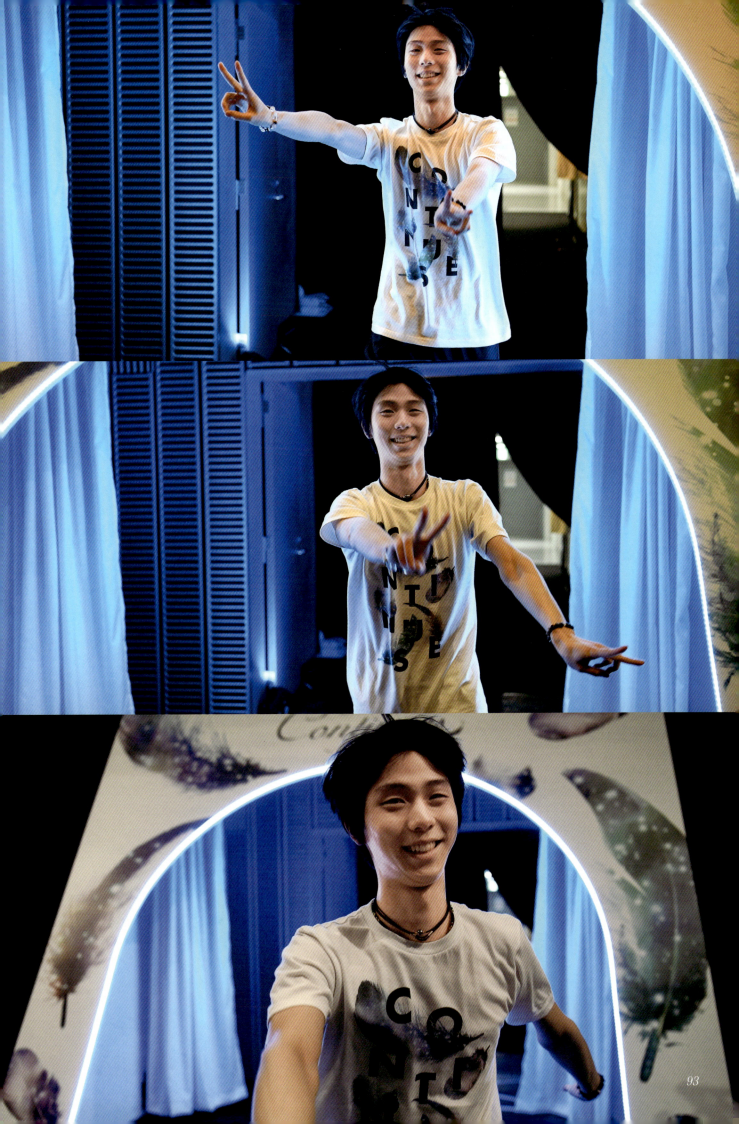

102

RESULTS　2017-2018 羽生結弦 全成績

スケートカナダオータムクラシック　2017年9月20日～23日　カナダ・ピエールフォン

ショート

2017 Autumn Classic International
SENIOR MEN SHORT PROGRAM　　JUDGES DETAILS PER SKATER

Rank	Name		Nation	Starting Number	Total Segment Score	Total Element Score	Program Component Score (factored)	Total Deductions
1	Yuzuru HANYU		JPN	6	112.72	64.17	48.55	0.00

#	Executed Elements	Info	Base Value	GOE	J1	J2	J3	J4	J5	J6	J7	J8	J9	Ref	Scores of Panel
1	4S		10.50	3.00	3	3	3	3	3	3	3				13.50
2	FCSp4		3.20	1.10	2	2	2	2	2	3	3				4.30
3	CSSp4		3.00	1.50	3	3	3	3	2	3	3				4.50
4	3A		9.35 x	3.00	3	3	3	3	3	3	3				12.35
5	4T+3T		16.06 x	2.80	3	3	3	3	2	2	3				18.86
6	StSq4		3.90	1.96	3	3	2	2	3	3	3				5.86
7	CCoSp4		3.50	1.30	3	3	2	3	2	2	3				4.80
			49.51												64.17

Program Components	Factor									
Skating Skills	1.00	9.50	10.00	9.50	9.75	9.50	10.00	9.50		9.65
Transitions	1.00	9.50	9.75	9.00	9.75	9.50	9.75	9.25		9.55
Performance	1.00	9.75	10.00	9.75	9.50	9.75	10.00	9.75		9.80
Composition	1.00	10.00	10.00	9.25	9.75	9.50	10.00	9.75		9.80
Interpretation of the Music	1.00	10.00	10.00	9.50	9.75	9.75	9.75	9.50		9.75
Judges Total Program Component Score (factored)										48.55

Deductions		0.00

x Credit for highlight distribution, base value multiplied by 1.1

フリー

2017 Autumn Classic International
SENIOR MEN FREE SKATING　　JUDGES DETAILS PER SKATER

Rank	Name		Nation	Starting Number	Total Segment Score	Total Element Score	Program Component Score (factored)	Total Deductions
5	Yuzuru HANYU		JPN	12	155.52	67.02	89.50	1.00

#	Executed Elements	Info	Base Value	GOE	J1	J2	J3	J4	J5	J6	J7	J8	J9	Ref	Scores of Panel
1	1Lz		0.60	-0.04	0	0	-1	0	-1	-1	0				0.56
2	3Lo		5.10	1.54	2	3	3	2	2	1	2				6.64
3	3F	!	5.30	0.28	0	2	0	1	0	-1	1				5.58
4	FCCoSp4		3.50	0.70	2	2	1	1	1	0	2				4.20
5	StSq3		3.30	1.30	3	3	2	2	2	3	3				4.60
6	4S+3T		16.28 x	2.80	3	3	3	3	2	3	2				19.08
7	2T+1Lo+2S		3.41 x	0.00	0	1	0	0	0	0	0				3.41
8	2T		1.43 x	0.04	0	1	-1	1	0	0	0				1.47
9	3A		9.35 x	-3.00	-3	-3	-3	-3	-3	-3	-3				6.35
10	4T<<	<<	4.73 x	-1.82	-3	-2	-2	-2	-3	-3	-3				2.91
11	FCSSp4		3.00	0.80	3	2	1	2	2	1	1				3.80
12	ChSq1		2.00	1.82	3	3	3	2	2	3	2				3.82
13	CCoSp4		3.50	1.10	2	3	2	2	2	3	1				4.60
			61.50												67.02

Program Components	Factor									
Skating Skills	2.00	9.00	9.50	9.25	9.50	8.50	8.75	9.25		9.15
Transitions	2.00	9.25	9.00	8.50	9.25	9.00	8.50	9.00		8.95
Performance	2.00	9.50	8.50	8.75	9.00	8.50	8.00	8.00		8.55
Composition	2.00	9.25	9.50	9.00	9.25	9.25	8.75	8.75		9.10
Interpretation of the Music	2.00	9.50	9.25	9.25	9.25	8.75	8.00	8.50		9.00
Judges Total Program Component Score (factored)										89.50

Deductions	Falls: -1.00(1)	-1.00

<< Downgraded jump　x Credit for highlight distribution, base value multiplied by 1.1　! Not clear edge

RESULTS　2017-2018 羽生結弦 全成績

ロシア大会　2017年10月20日～22日　ロシア・モスクワ

ショート

ISU GP Rostelecom Cup 2017
MEN SHORT PROGRAM　　JUDGES DETAILS PER SKATER

Rank	Name	Nation	Starting Number	Total Segment Score	Total Element Score	Program Component Score (factored)	Total Deductions
2	Yuzuru HANYU	JPN	12	94.85	49.24	46.61	1.00

#	Executed Elements	Info	Base Value	GOE	J1	J2	J3	J4	J5	J6	J7	J8	J9	Ref	Scores of Panel
1	4Lo<	<	8.40	-2.06	-2	-1	-1	-1	-2	-3	-2	-2	-2		6.34
2	FCSp4		3.20	1.00	2	2	2	2	2	2	2	2	2		4.20
3	CSSp4		3.00	0.86	1	2	1	3	1	2	2	2	2		3.86
4	3A		9.35 x	3.00	3	3	3	3	3	3	3	3	3		12.35
5	4T+3T		16.06 x	-3.54	-3	-3	-3	-2	-3	-2	-3	-3	-2		12.52
6	StSq4		3.90	2.00	3	3	3	2	2	3	3	3	3		5.90
7	CCoSp3		3.00	1.07	2	2	2	2	2	3	3	2	2		4.07
			46.91												49.24

Program Components	Factor										
Skating Skills	1.00	9.75	9.50	9.50	9.50	9.50	9.25	9.25	9.25	9.50	9.43
Transitions	1.00	9.50	9.25	9.00	9.00	9.25	9.25	9.00	9.25	9.25	9.18
Performance	1.00	9.25	9.25	9.00	9.25	9.25	9.00	8.75	9.50	9.50	9.21
Composition	1.00	9.75	9.50	0.25	9.25	9.50	9.50	9.50	9.50	9.25	9.43
Interpretation of the Music	1.00	9.50	9.50	9.50	9.25	9.25	9.50	9.25	9.25	9.25	9.36
Judges Total Program Component Score (factored)											46.61

Deductions	Falls: -1.00(1)	-1.00

< Under-rotated jump   x Credit for highlight distribution, base value multiplied by 1.1

フリー

ISU GP Rostelecom Cup 2017
MEN FREE SKATING　　JUDGES DETAILS PER SKATER

Rank	Name	Nation	Starting Number	Total Segment Score	Total Element Score	Program Component Score (factored)	Total Deductions
1	Yuzuru HANYU	JPN	11	195.92	101.54	94.38	0.00

#	Executed Elements	Info	Base Value	GOE	J1	J2	J3	J4	J5	J6	J7	J8	J9	Ref	Scores of Panel
1	4Lz		13.60	1.14	1	1	1	1	3	1	0	2	1		14.74
2	3Lo		5.10	0.60	1	1	1	0	1	0	1	1	1		5.70
3	3F		5.30	1.60	2	3	2	2	3	2	3	2	2		6.90
4	FCCoSp4		3.50	1.00	2	2	1	3	2	2	2	2	2		4.50
5	StSq3		3.30	1.29	3	2	2	3	3	2	3	3	2		4.59
6	4S		11.55 x	-0.69	-1	0	0	-1	0	-1	0	-1	-1		10.86
7	2T		1.43 x	0.03	0	1	0	0	0	0	0	1	0		1.46
8	4T+3T		16.06 x	1.71	2	1	3	1	2	1	2	2	2		17.77
9	3A+2T		10.78 x	1.86	2	2	2	1	2	1	2	3	2		12.64
10	3A		9.35 x	0.86	1	1	1	1	2	0	1	0	1		10.21
11	FCSSp4		3.00	0.57	1	1	1	2	2	1	1	1	1		3.57
12	ChSq1		2.00	2.10	3	3	3	3	3	3	2	3	3		4.10
13	CCoSp4		3.50	1.00	2	2	2	2	2	1	2	2	2		4.50
			88.47												101.54

Program Components	Factor										
Skating Skills	2.00	9.75	9.50	9.75	9.25	9.50	9.50	9.50	9.50	9.50	9.54
Transitions	2.00	9.00	9.25	9.25	9.00	9.25	9.25	9.00	9.50	9.25	9.18
Performance	2.00	9.00	9.50	9.50	9.25	9.50	9.50	9.50	9.75	9.25	9.43
Composition	2.00	9.50	9.50	9.50	9.25	9.75	9.50	9.50	9.50	9.50	9.50
Interpretation of the Music	2.00	9.00	9.50	9.75	9.50	9.75	9.50	9.50	9.75	9.25	9.54
Judges Total Program Component Score (factored)											94.38

Deductions	0.00

x Credit for highlight distribution, base value multiplied by 1.1

平昌オリンピック　フィギュアスケート競技·男子シングル　2018年2月16日〜17日　韓国·平昌

ショート

Men Single Skating - Short Program
男子ショートプログラム　16 FEB 2018

Judges Details per Skater
선수별 심판 세부채점 정보 / Notation détaillée des juges par patineur

Rank	Name	NOC Code	Starting Number	Total Segment Score	Total Element Score	Total Program Component Score (factored)	Total Deductions
1	HANYU Yuzuru	JPN	25	111.68	63.18	48.50	0.00

#	Executed Elements	Info	Base Value	GOE	J1	J2	J3	J4	J5	J6	J7	J8	J9	Ref.	Scores of Panel
1	4S		10.50	2.71	3	2	3	3	3	2	3	3	2		13.21
2	FCSp4		3.20	1.00	2	2	2	2	2	2	2	3	2		4.20
3	CSSp4		3.00	1.43	2	3	3	3	3	2	3	3	3		4.43
4	3A	x	9.35	3.00	3	3	3	3	3	3	3	3	3		12.35
5	4T+3T	x	16.06	2.57	3	2	2	3	2	2	3	3	3		18.63
6	StSq4		3.90	2.10	2	3	3	3	3	3	3	3	3		6.00
7	CCoSp3		3.00	1.36	2	3	2	3	3	3	2	3	3		4.36
			49.01												63.18

Program Components	Factor											
Skating Skills	1.00	10.00	9.75	10.00	9.75	9.75	9.50	9.50	9.75	9.50		9.71
Transitions	1.00	9.00	9.50	9.75	9.50	9.50	9.25	8.75	9.75	9.50		9.43
Performance	1.00	10.00	9.75	10.00	10.00	9.75	9.75	9.75	10.00	9.75		9.86
Composition	1.00	9.50	10.00	9.75	9.75	9.75	9.75	9.50	10.00	9.75		9.75
Interpretation of the Music	1.00	9.50	9.75	9.75	10.00	9.75	9.75	9.50	10.00	9.75		9.75
Judges Total Program Component Score (factored)												48.50
Deductions:												0.00

x Credit for highlight distribution, base value multiplied by 1.1

フリー

Men Single Skating - Free Skating
男子フリースケーティング　17 FEB 2018

Judges Details per Skater
선수별 심판 세부채점 정보 / Notation détaillée des juges par patineur

Rank	Name	NOC Code	Starting Number	Total Segment Score	Total Element Score	Total Program Component Score (factored)	Total Deductions
2	HANYU Yuzuru	JPN	22	206.17	109.55	96.62	0.00

#	Executed Elements	Info	Base Value	GOE	J1	J2	J3	J4	J5	J6	J7	J8	J9	Ref.	Scores of Panel
1	4S		10.50	3.00	3	2	3	3	3	3	3	3	3		13.50
2	4T		10.30	3.00	3	2	3	3	3	3	3	3	3		13.30
3	3F		5.30	1.60	3	2	3	3	2	2	2	2	2		6.90
4	FCCoSp4		3.50	1.00	2	2	2	2	2	2	2	2	1		4.50
5	StSq3		3.30	1.43	3	2	3	3	3	2	3	3	3		4.73
6	4S+3T	x	16.28	2.71	3	1	3	3	2	2	3	3	3		18.99
7	4T+REP	x	7.93	-2.06	-1	-2	-2	-2	-2	-1	-2	-2	-1		5.87
8	3A+1Lo+3S	x	14.74	2.14	3	1	2	3	2	2	3	2	1		16.88
9	3Lo	x	5.61	1.20	3	1	2	2	1	2	2	2	1		6.81
10	3Lz	x	6.60	-1.10	-1	-2	-2	-1	-2	-2	-1	-2	-1		5.50
11	FCSSp4		3.00	0.93	2	2	2	2	1	1	2	3	2		3.93
12	ChSq1		2.00	2.00	3	2	3	3	3	2	3	3	3		4.00
13	CCoSp4		3.50	1.14	3	2	2	3	2	2	3	2	2		4.64
			92.56												109.55

Program Components	Factor											
Skating Skills	2.00	9.75	9.50	9.75	9.75	9.50	9.75	9.75	9.75	9.75		9.71
Transitions	2.00	9.50	9.25	9.75	9.75	9.25	9.50	9.50	9.50	9.50		9.50
Performance	2.00	9.75	9.50	9.75	9.75	9.00	9.50	9.75	9.75	9.50		9.64
Composition	2.00	9.75	9.50	9.75	10.00	9.50	9.75	9.50	10.00	9.75		9.71
Interpretation of the Music	2.00	10.00	9.50	9.75	9.75	9.75	9.75	9.75	9.75	9.75		9.75
Judges Total Program Component Score (factored)												96.62
Deductions:												0.00

x Credit for highlight distribution, base value multiplied by 1.1

RESULTS 2017-2018 羽生結弦 全成績

スケートカナダオータムクラシック

順位	名前(国)	SP	FS	合計
1	ハビエル・フェルナンデス(ESP)	101.20 ②	177.87 ①	279.07
2	羽生 結弦(JPN)	112.72 ①	155.52 ⑤	268.24
3	キーガン・メッシング(CAN)	86.33 ④	161.97 ③	248.30
4	ミーシャ・ジー(UZB)	83.64 ⑤	162.55 ②	246.19
5	ナム・ニュエン(CAN)	88.40 ③	156.81 ④	245.21
6	ロス・マイナー(USA)	69.84 ⑧	150.12 ⑥	219.96

ロシア大会

順位	名前(国)	SP	FS	合計
1	ネーサン・チェン(USA)	100.54 ①	193.25 ②	293.79
2	羽生 結弦(JPN)	94.85 ②	195.92 ①	290.77
3	ミハイル・コリヤダ(RUS)	85.79 ④	185.27 ③	271.06
4	ミーシャ・ジー(UZB)	85.02 ⑤	170.31 ④	255.33
5	モリス・クビテラシビリ(GEO)	80.67 ⑧	169.59 ⑤	250.26
6	ドミトリー・アリエフ(RUS)	88.77 ③	150.84 ⑦	239.61

平昌オリンピック

順位	名前(国)	SP	FS	合計
1	羽生 結弦(JPN)	111.68 ①	206.17 ②	317.85
2	宇野 昌磨(JPN)	104.17 ③	202.73 ③	306.90
3	ハビエル・フェルナンデス(ESP)	107.58 ②	197.66 ④	305.24
4	金 博洋(CHN)	103.32 ④	194.45 ⑤	297.77
5	ネーサン・チェン(USA)	82.27 ⑰	215.08 ①	297.35
6	ビンセント・ゾウ(USA)	84.53 ⑫	192.16 ⑥	276.69

photo by Sunao Noto

羽生結弦 SEASON PHOTOBOOK 2017-2018
2018年7月14日 初版発行

[著者(撮影)] 田中宣明 / シャッターズ　[装丁・デザイン] 加茂香代子　[編集人] 豊崎 謙　[発行人] 大田川茂樹
[発行所] 株式会社 舵社
〒105-0013 東京都港区浜松町1-2-17 ストークベル浜松町
代表 TEL:03-3434-5181 FAX:03-3434-5184　販売 TEL:03-3434-4531 FAX:03-3434-5860
[印刷] 株式会社 大丸グラフィックス
© 2018 KAZI CO., LTD.　○無断複写・複製を禁じます。　○定価はカバーに表示してあります。　ISBN978-4-8072-1147-0